獻 給 駐 村 期 間 那 群 熱 情 的 藝 術 家 們

貓 咪 Ｓａｌｔ

還 有 自 己

目錄

Contents

輯一

———

九月

漫長的飛行

2019 年 9 月 9 日，離開台灣，前往美國，參與駐村。

行前，我花了不少時間和精神處理電動輪椅的選擇和考量，這並非簡單的問題，我必須不斷與航空公司和醫療器材行確認尺寸規格，好讓我在美國的代步工具可以跟我一起出發。好不容易要起飛的日子終於到來，好友 S 特地前來送機。他說：「這會是一趟值得的旅程，你會克服一切的，以後再也沒有難得倒你的事了！」我邊流淚邊對他說：「我真的要走了。」我們擁抱了一下，我腦海不斷浮現，「這是值得的，我會克服一切的！」

當我把行李和電動輪椅妥善交給航空公司，心情變得很輕鬆，終於展開人生第一次使用電動輪椅出國的旅程，心想應該不會出問題的。沒想到，雖然事前都確認過，到日本轉機時，我的電動輪椅就被日本海關拒絕通關，美國航空也拒載，只能又一次與海關和航空公司解釋電動輪椅的鋰電池符合規定，並提出證明。我不斷在心裡告訴自己，只要過了這關，我一定可以順利抵達美國。我不希望這趟旅程就在這裡戛然而止。

被迫在轉機室裡無窮盡地等待，又碰到颱風侵襲日本導致航班大亂，來自全世界不同地方的人被迫取消行程；休息室到處擠滿了人，夾雜著此起彼落行李託運的聲音。我在過境大廳和分散各地的台灣人、中國人、越南人彼此交換旅行的方向，人生第一次瞬間得轉換三種語言交談還滿奇妙的。看著有些人索性拿起背包，一股腦兒就往地上坐，安然自若地滑起手機，有些人將手提行李當枕頭橫躺下來，有些人則是若無其事就往角落裡睡覺……坐在沙發上的俄羅斯老人不動如山，始終凝視周圍的動靜。日本是我自認為的第二個故鄉，此刻，我感受到這次我真的成為了過客。

直到凌晨一點，航空公司才確定我的行程。我疲憊地拖著行李，前往必須搭車一個小時才能抵達的過境旅館。當我透過巴士車窗，看著被迫加班的工作人員，頓時心生感佩。離開前，航空公司地勤西谷先生特地跟我說：「別擔心，明天你會順利飛往美國的。」抵達飯店已是凌晨兩點，餓了兩餐的我，沖個澡、睡個覺，隔天一早立刻跑去餐廳吃飯。我的所有計畫被迫更動，改降洛杉磯機場。我也擔心電動輪椅會如何被對待，只能一直說服自己，它會好好的，一如離開台灣前，交給航空公司那樣被打包完整；也一直說服自己，面對一連串磨難，要保持樂觀和冷靜。遭遇就是經驗，必須經歷它。

餐後，我再度拎著行李前往機場，繼續等待下午四點多往洛杉磯的飛機，折騰了好久，終於可以飛往美國了。這時，我又遇見值勤的西谷先生，他親切地跟我打招呼，並祝福我接下來的旅程能夠一路順風。當我登上飛機、坐好位子，我再次感到安心。飛機上彌漫著異鄉客的氣息。當飛機抵達美國上空，從窗口望向一望無垠的陸地，我想像自己能否好好在此短暫生活並創作？對我來說，是個問號。但，我要好好擁抱這裡的一切，我要結識很多來自不同國家的朋友，我要完成新的創作。

當我踏進洛杉磯機場，形形色色的種族和語言交雜在我眼前，「啊！這就是美國。」當地海關不像傳說中嚴格，檢查身體是否攜帶危禁品的女海關較嚴謹盡責。當我又要展開下一站的境內飛行時，地勤人員除了差點將我的電動輪椅分解，也差點在前往登機門的路上，弄丟我的護照。當時，我真有一種「該不會又要遭逢厄運」的心情。所幸最後順利搭上達美航空前往目的地。美國境內航空座艙好大，冷氣好強，一路冷到阿布奎基（Albuquerque）國際機場。

當我再次從空中看向土黃咖啡色的陸地，心想，我真的獨自一個人來到美國了。

六號旅店的清晨

阿布奎基國際機場號稱擁有世界最美的夕陽，但當我抵達，卻累到連一個字都無法表達，已無心欣賞夕陽到底有多美。在得知沒有預訂巴士無法立即前往聖塔菲（Santa Fe）的情況下，來自古巴的地勤人員好心幫我訂了一間便宜的六號旅館，她引領我到計程車排班處，也因此認識了來自衣索比亞的計程車司機，他樂意載我前往。

抵達旅館，天色已黑。我用簡單的英文向疑似工讀生的女孩 check in，她負責帶我到房間門口。我們走過一間又一間獨立房間，每個房間前面都有專屬停車場。「美國真的很大」的印象，在我腦中如 GIF 圖檔不斷閃現，此時，計程車司機已將我的行李放在房門口等著我付錢給他。已經三天沒好好吃飯睡覺的我，一心只想趕快抵達聖塔菲，我跟司機交涉，談妥 165 美元，請他隔天直接載我前往駐村地。我默默告訴自己，只要熬過今晚，就不必再遭受電動輪椅被拒絕的波折所苦。

隔天清晨，無垠的藍色天空下，光影折射在旅店周圍的草坪，我看著準備上路的旅人在房門口抽菸交談、聽見遠處警察吹哨子追小偷——這些即時風景，讓我終於相信，我將要展開在此地的生活了。

坐上計程車，往 25 號州際公路，朝北約一個小時的路程，這次，我很確定不會再有任何麻煩阻撓我前往聖塔菲，我的心瞬間輕鬆起來，身體也隨之精疲力盡。一邊跟司機聊天，一邊看著窗外風景，當他知道我已經餓了好幾餐，隨手拿起他的早餐請我吃。雖然彼此的英文無法傳達太多訊息，但透過聊天，得知他曾來台灣工作過，世界與我的距離瞬間縮得很小很小。司機也說道，阿布奎基有很多來自貧窮國家的移民，他們選擇來到這裡，是因為這裡有故鄉泥土的味道。

藍
屋

聖塔菲藝術中心（Santa Fe Art Institude, 簡稱 SFAI）是我來美國駐村的所在地，是一個獨立的藝術組織，提供藝術家與當地社區之間的文化交流並探討社會議題。它位於大學校園一角，房子主建築的中庭是藍色的，種有兩棵樹，還有幾張鐵桌椅，是聚會、冥想和晒太陽的好地方。我們稱這裡為「藍屋」。裡面有藝廊、辦公室、交誼廳、圖書館、工作室，還有十二間獨立房間、共用廚房和洗衣房。每個月會有來自不同國家的藝術家進駐，藝術家們有可能僅僅相遇這麼一次。

住在藍屋的我們都是熱愛藝術創作的人，平日會在各自房間或工作室進行創作計畫，我的計畫是以第二本個人繪本的出版和展覽為目標，作品延續第一本繪本《有時候》所關注的環境認識和反省，並鼓勵人們珍惜生命中的每一刻，放慢步調觀察當地城市與生活，拓展視野。公共客廳的桌上，經常擺著當地當月的活動訊息和行事曆，提供個人或團體活動的參考。隨著時間過去，每個人相處的輪廓也慢慢勾勒出來。每次我站在藍屋中庭，仰望天空，就感覺被世界包圍著，好似這裡是我與世界交流的一個出「口」，奇妙地形成了一個「回」字。更妙的是，我彷彿曾經以不同的靈魂來過這裡，這次只是回家。

我們有時候會在共用廚房一起做飯，交換彼此國家的料理。身上流著不同血液的我們，偶爾會蹦出相同的話：「在我們的文化裡也是如此的。」暢所欲言時，常說出「Gorgeous.」和「Absolutely.」，甚至「It's fucking amazing.」。由於共通語言是英語，當我不太能表達時，我會使用翻譯軟體，它搭起我和外國藝術家之間的橋梁，他們也樂意學習我的中文。種族與文化經常是我們飯桌上的話題，杯與杯的碰撞聲夾雜著笑聲，這些美好總是伴隨我開心入睡。

我對美國最初的印象，來自父親拆船時的一些回憶。那時，父親總是從準備要拆除的廢棄船裡，帶回一大堆火腿罐頭、起司奶酪和糖果，甚至碗盤餐具等。我初次看見的西洋黃色書刊，也是父親從船上帶回來的。那時，母親總會責怪父親，什麼東西不好帶，卻帶回一些奇怪的東西。拜母親的好廚藝，當時我們總能吃到充滿西洋風味的饅頭，那些味道，也讓美國在我舌尖留下了記憶。

六 號 房

我住六號房。房間是典型套房，一張桌子、一把椅子、一個衣櫃、一座小沙發和一張床構成的房間，還有個人衛浴設備和一台移動式暖爐。我最喜歡浴室的天井設計，經常可以看見天空裡流動的浮雲。也可以在六號房外沐浴著自然光，汲取周圍一切的靈感。

在六號房，我內心總住著一位批評家，經常不斷打擾想要開啟全新創作的我。我會被影響而亂搞一通，幸運時，我會得到意想不到的作品。但往往很難在新環境裡集中注意力創作，經常得花更多時間，回想前一天去了哪裡。我試圖以簡短英文和圖像記錄生活點滴，駐村藝術家們都很喜歡我的圖文觀察。我也將自然環境帶來的感受，透過畫筆編織出一個個畫面，圖面獨立而有故事性，想讓它們有機會串連成一個繪本故事。此外，我也拍照。

剛抵達這裡，我把行李隨意攤開在床上，拿了手機和錢包，沒做任何休息，立刻到校園小逛，校園四周空曠無比，道路一路筆直通往外面；我依循在 Google 收集好的超市路線，去採買生活用品。第一天晚上，安頓好自己的胃之後，我的身體極度疲憊，如同沉甸甸的行李那樣癱在床上，終於可以輕鬆愉快睡上安穩的覺。睡前我默默告訴自己，大小事都別忘記打開好奇之眼。

爾後的日子，多數時間我都在六號房創作，累了就坐到房門外面的椅子上，享受午後陽光，靜靜聞著周圍泥土的氣息。

聖塔菲

聖塔菲（Santa Fe）是新墨西哥州的首府，位於新墨西哥州中北部，海拔七千英尺的山麓上。一千多年前，這裡就有印第安人居住，也曾有西班牙人飄洋過海來此移民定居。此地建築是用泥土和稻草揉合風乾後砌成的磚塊，加上原木結構，再蓋成豆腐形狀，絕大多數的建築兼有西班牙和印第安的風格，給人一種原始質樸的感覺。有些房子外觀也會配上色彩鮮豔濃厚的印第安手工織品、陶器、牛骨裝飾，展現新墨西哥州特有的風格。當我知道聖塔菲的名字，來自西班牙語——含有「神聖的信仰」之意，對有信仰的我而言，多了一分尊崇的光輝。

市中心小而美，像是新墨西哥州的一顆小寶石，在陽光下綻放屬於自己的光芒。城市以聖塔菲廣場（Santa Fe Plaza）為中心，向四周放射開來；綠蔭參天的廣場，經常是街頭藝人賣藝和各種集會遊行的地方。周邊商店多是各種平面藝術、陶藝和雕刻的藝廊，正所謂三步一畫廊、五步一餐廳，宛如置身電影場景，各式墨西哥風情的手工藝品，在玻璃櫥窗內閃閃發光，我的眼睛經常不知如何選擇哪一項眼前的事物做為焦點才好。當地印第安人也會在總督府前販賣手作陶器、首飾、銀器和其他藝術品，令人目不暇給。還有峽谷路（Canyon Road）的精品店和畫廊以及一堆民間藝術家具和家居飾品，

還聽說有一座流動的美術館「Axle Contemporary」偶爾會在小巷中出現。做為新墨西哥州首都，聖塔菲擁有一幢獨特的、圓形的國會大廈（The Roundhouse），市郊外的老聖塔菲步道（Old Santa Fe Trail）周圍，也環繞著寧靜的草坪和花園。

駐村的日子，我的背包經常放著兩片吐司和香蕉，前往市中心散步。融合印第安、西班牙、墨西哥和現代美國文化藝術的新墨西哥州藝術博物館（New Mexico Museum of Art）和歐姬芙美術館（Georgia O' Keeffe Museum），都是值得一看再看、令人流連忘返的地方。

每次迷路，只要走回廣場，就可以立刻找回方向，再繼續前往下一個目的地。我也時常在樹下看著肥胖的鴿子走來走去，和陌生遊客交換彼此的眼神，說聲：「How are you？」

穀物路

穀物路（Cerrillos Road）讓我從此愛上麥片，現在看見麥片都會想到這條路。

它是我每天出門的必經之路，沿途有租車公司、速食餐廳、連鎖旅館、超市、五金店和百貨行，也是藍屋通往市區的一條大馬路。一路上，有田園牧歌般的商店和餐廳，一串串辣椒和玉米掛在外牆上；也有墨西哥風情的廣告招牌，顯示傳統料理中紅、青、淡、辣的鮮豔色彩。

在這裡，溫暖的陽光照在古老的土黃色房屋上，街道充滿木爐中燒烤辣椒的氣味。每道菜幾乎都少不了辣椒的風味，香脆濃郁或柔軟多汁的雞肉炸玉米卷、各式塔可和捲餅也都有各自的特色。市郊的大型購物中心和漢堡店，穿插著幾間墨西哥餐廳；路上的風景被風味取代，一切都是那麼真實，一如真實的生活感。我在路上找到屬於自己的食物，也找到如何品味自己。

天空、烏鴉與捷徑

像棉花糖的雲朵很大很大，總是離地面很近很近，經常讓我想要伸手取下它。我沿著校園走著，土撥鼠在黃土堆裡跳來跳去。校園一角的大樹上住著兩隻大烏鴉，經常在晴空下「嘎～嘎嘎」地叫著，低空飛過來飛過去。

住處隔壁就是超市，我卻得繞經校園大門，再沿圍牆旁的小徑走大約十五分鐘才能抵達。每隔兩、三天，我都會沿著這條人煙稀少的捷徑到史密斯（Smith）連鎖超市買日常物品。小徑總是杳無人煙，陽光灑在小徑旁一整排的辦公事務所、五金行、咖啡館、服飾店的後門。偶爾我會看見工作人員在那裡倒垃圾、抽菸、講電話，烏鴉有時候會在超市外面的天空盤旋，以迅雷不及掩耳的速度叼走掉在路上的食物，再拍拍翅膀飛回樹上。

我獨自一人走在這條小徑，盡頭是一堆廢棄購物車的超市後門，每次經過這裡，我總會想起剛到美國時，在旅館看到警察追小偷的畫面，於是，緊緊抱住採買完的東西，朝捷徑方向快速離去。回程路面有些坡度，當我走到某個定點，會看見三根旗桿矗立在日本 TOYOTA 汽車公司的廣場，我會停留片刻，看著美國國旗飄揚在天空。陽光下，一切百無聊賴，我繼續以一種很慢的速度走著，聽著烏鴉在天空「嘎 ～ 嘎嘎」地叫著。

週末的

C O W G I R L

週末夜晚，COWGIRL BBQ 是迷人的。招牌霓虹燈五光十色照亮街角，今晚我們清一色都是女生，自詡是週末夜晚最佳的 cowgirl。這間已經有廿八年歷史的酒吧和燒烤店，牆上貼著一張張老照片，搭配閃閃發光的裝潢和紀事海報，讚揚著美國歷史上偉大的女牛仔和競技皇后，彰顯出美國女牛仔的生活樣貌，更增添了西部牛仔文化的底蘊。

當我們抵達門口，裡頭早已氣氛喧騰。我們選擇坐在寬敞的露台，點上雞尾酒和美味的墨西哥風味料理。藝術家坎迪斯（Kandis）貼心為我解釋餐點的內容，讓我得以從密密麻麻的菜單中，選擇最想吃的食物。這是我來到聖塔菲後，第一次和大家外出用餐，好不容易終於選定搭配墨西哥豆類的大牛排。藝術家莎拉（Sarah）點了不同的調酒，一杯接著一杯開懷暢飲。室外一角，樂團的樂手「唰～唰唰」地彈起吉他，鼓手跟著敲下「乒～乓」聲，歌手拿起麥克風，開始唱起超熱血節奏的美式鄉村歌曲，聲音激昂嘹亮，讓人聯想起貓王時代的氛圍。

整個週末夜晚，街上充滿西部牛仔的鄉村情懷。我們一群女生化身為西部女牛仔，在草原上舉杯歡樂，我也不禁起身搖擺，心靈震動著快感。站在我身旁的印第安人，臉上不時浮現原始的悸動，我們彼此互相微笑。沒多久，兩對老夫妻不疾不徐地扭腰擺臀，跳著跳著就彼此交換舞伴了。歌聲、吉他聲、鼓聲四處流瀉，大家拍手鼓掌，輕鬆愉快唱起美國鄉村歌曲。

清晨磨豆

我往往是第一個醒來的人。小心翼翼打開房門，躡手躡腳穿過走廊，深怕腳步聲吵醒還在睡覺的藝術家。當我走到共用廚房，總會看著天光微亮的藍屋，看著中庭的樹木和天空；偶爾透過兩扇窗戶直視住在十二號房、那正打開房門準備走向廚房的身影。如果他眼神剛好也看向我，我們就會遠遠地打起招呼。

每次我打開共用的冰箱時，那些屬於個人盒子裡所擺放的食物和飲料，總會吸引我的眼光，忍不住往裡頭瞄一下。透過盒子內食物的擺放，可以看出每個人的個性和喜好。「原來她喜歡吃這個」、「原來他也滿隨興的」、「原來我們一樣」，如此的畫面紛紛從腦海裡跑了出來。

在這裡生活，大家醒來第一件事，就是到廚房報到。互相打招呼、看報紙，聊聊當日要做的事。我喜歡事先為大家磨好咖啡豆，等待很會煮咖啡的藝術家出現，煮上一壺咖啡，讓空氣充盈著沉鬱濃厚的咖啡香，為即將清醒的每個人迎接美好的一日。

幽靈牧場

與紅色麵包車

幽靈牧場（Ghost Ranch）是我來美國第一次和外國人同遊的地方。剛到聖塔菲，行李還沒卸下，就先到工作室報到，小帥弟韋斯（Wes）的工作室緊鄰我隔壁，他也是第一個和我打招呼的藝術家，當時我有些靦腆反應不過來，他的招呼化解我初到新環境的緊張心情。爾後幾次小聊，他說有空再約大家一起出遊。九月底，他果真開著他的紅色麵包車，載著我和其他藝術家一起去幽靈牧場郊遊。

我們在晴朗的天空下出發。車窗左右兩邊的風景各有自己的面貌，如同車內的我們，來自不同的國家和種族。繪畫、寫詩、創作是我們最大的公約數。往 84 號公路的幽靈牧場，一路上凝視著畫家歐姬芙（O'Keeffe）喜愛的紅色岩石，峭壁層次分明，岩石橫面如風琴展開與風的對話。不遠處，我看到有人畫畫寫生，彷彿看見當年歐姬芙的身影。歐姬芙自 1930 年代之後，一直在阿比基烏（Abiquiu）村莊和幽靈牧場居住、工作。漫步在牧場，我想像她筆下極富原創性和真實性的岩石、沙漠、花卉和動物

骨骸。她曾說：「It's my private mountain. It belongs to me. God told me if I painted it enough, I could have it.」在廣闊天空和高地沙漠景觀的鮮明襯托下，一如她的藝術所帶來的獨特魅力，漸漸滲透著。

我們也參觀了 1885 年在此處發現的化石骨骼、古生物恐龍的遺骸、遺址和美國原住民古文物展。館員熱情的導覽，增加不少我對古生物的知識。正午過後，我們又到日式枯山水（karesansui）設計的迷宮步道小憩。迪倫（Dylan）和珍（Janet）低頭專心走著石頭迷宮，韋斯被一旁黃花吸引，蘿貝卡（Rebecca）坐在石頭上冥想。午後陽光依舊燦爛，老鷹乘著無形的風，在岩石上高高翱翔，我們像地面上的小人，四周環繞著寧靜。

炙熱的午後，有一種神祕能量在我們之間流動，這些朋友身上都有極深刻的故事，影響著他們的人生。那些故事使他們對待他人的時候，像一道溫暖和諧的光。我很慶幸來到美國，得以看見世界與我之間，這道友善自由的光。我們繼續搭著一輛獨特的紅色麵包車上路，臉上展開微笑，聆聽彼此的故事。

跳舞女孩

秋高氣爽的好天氣，陽光婆娑在樹葉間，像一幅優雅清閒的明信片風景畫。有四百多年歷史的聖塔菲廣場是這座城市的中心，經常有各種活動。若值夏季，下午和夜晚，總有出色的街頭藝人表演或跳舞。這片茂盛的綠林也是人們休憩的好地方，或走或坐的上班族、老夫妻和戀人們臉上都掛著淡淡的笑容，悠閒談話、用餐、看報紙。廣場上成群結隊灰藍色的鴿子，一會兒飛，一會兒降落，「咕～咕咕」地叫著。

這時，我注意到衣衫不整、行為有些怪異的女孩，她張開雙手模仿鴿子，在廣場紀念碑的石磚上跳來跳去。女孩似乎被這群鴿子所吸引，當鴿子成群飛起的剎那，她高聲歌唱手舞足蹈，為整個廣場帶來奇幻憂傷的場景。突然，所有的一切靜止不動，唯有鴿子拍動翅膀，穿越林蔭，飛向藍天。

註　聖塔菲廣場紀念碑，最初建於 1866 年，用以紀念南北戰爭中陣亡的士兵；碑中描述美洲原住民為「野蠻人」的文字，在 1970 年代從紀念碑上被刪除，也讓它過去做為歷史地標的地位變得更為複雜，此碑已於 2020 年 10 月 12 日被拆除。

歐姬芙美術館

與迪倫

迪倫（Dylan）是住我隔壁五號房的室友，她是一位心思細膩、擁有多重身分的作家。九月底她找我一起參觀美術館，做為我們在此駐村最後的相聚出遊。下午三點，我和迪倫約在歐姬芙美術館，午後陽光將樹影折射在館外的牆上，就像歐姬芙的畫那樣獨特柔美，從街頭另一端走來的迪倫，在陽光照射下，顯得更加優雅。我們先前已經同遊過幽靈牧場，這次能夠真正看到歐姬芙的畫呈現眼前，都非常驚喜。一幅又一幅的原畫，孤獨又原始地展現新墨西哥州沙漠裡的花草、動物枯骨和山河峽谷，彷彿回到那天幽靈牧場所見的魔幻風景。歐姬芙在超過四十年的時間裡，透過筆觸和色彩將新墨西哥州沙漠裡的一切詮釋成自己的藝術。

我和迪倫也透過影片看著歐姬芙的私人住宅和工作室，在一個粉刷成白色的安靜空間，土坯壁爐上方懸掛著動物頭骨，陳列著她從沙漠中散步撿來的粗糙樹枝和石頭。充滿溫馨樸實並融合美洲印第安人和西班牙殖民時期的建築風格。工作室裡的大窗，能夠直接欣賞外頭自然的輪廓和形態的變化。我想像她追求簡單生活，清晰認真地處理日常工作。她平日早起，早餐前在狗的陪伴下走一段很長的路，早餐後才展開一天的繪畫工作。她曾說：「我希望你能看到我從窗外看到的東西，北方的粉紅色和黃色的大地峭壁，滿是蒼白的月亮將在清晨有薰衣草的天空中落下……前方粉紅色和紫色的山丘、矮小的山峰和沉悶的綠色雪松，以及天空寬敞的感覺，這是一個非常美麗的世界。」我能夠親眼目睹她將抽象概念鋪陳為大自然之美的風貌，更能體會她是美國現代畫派之母，她傳奇的生活和藝術是如此獨特安靜柔美；特別是一個女人在無垠的大自然裡，獨自適應環境並樂在其中的態度，讓我擴增視角並心懷夢想，也更能理解迪倫曾告訴我——「女人的眼淚是珍貴的」——這句話背後深遠的意義和付出的勇氣。

兩
首
即
興
詩

迪倫駐村時，曾找我參加她每週三在圖書館的一小時即興創作活動。英語不好的我，猶豫後決定勇敢參與。我去過兩次，一次的題目是「Debt」、另一次則是「A blue pool of water」。迪倫會給當日參與的藝術家三十分鐘創作。

參與的藝術家專注地坐在椅子上，看著各自帶來的筆電或簡易的繪畫道具，絞盡腦汁地創作。三十分鐘過後，迪倫會讓我們談論自己的想法，朗讀各自的即興創作或手繪。藝術家們都擅長以文字或畫筆描述主題，或許是切身相關的生活，或許是早年家族移民美國的歷史，我努力聽著英文，看著每個人的表情，希望理解更多。

我懷著緊張的心情，當場完成兩首英文短詩並在眾人面前發表。當時即席創作的這兩首英文詩，有許多文法和拼字錯誤，連標題都誤植，但我想忠實記錄當下那個時刻以及真實的自己。

Debt

Oh, I can't believe this is my debt for 3 month of roits,

because I really come to USA.

When I go back I will do my best creation until the more old.

My friend give me the peace of the button just enjoying now,

and debt will become rich fruit.

A blue of pool water

There is no light in the blue water.

I am wearing a Mexican suit with a coloring pen.

I am riding a big cat.

There are some dirty and messy,

but I know that I am freedom.

陶斯

陶斯（Taos），源自美國原住民語言，意指紅柳樹之地，一個充滿自然藝術、綠意盎然的地方。

我和藝術家們一起同遊北美最古老的陶斯·普韋布洛（Taos Pueblo），參與一年一度傳統普韋布洛的盛宴日（San Geronimo Day）。我們從駐村地沿著聖塔菲的穀物路，往 84 號公路朝陶斯的方向前去。陶斯·普韋布洛以陶斯山為背景，中央是聖傑洛尼莫（San Geronimo）禮拜堂，兩棟由泥土和稻草蓋成的典型普韋布洛多層建築，也是聯合國教科文組織世界遺產和國家歷史遺址。

我們剛抵達部落外圍的時候，停車場已經塞滿遊客的車子，決定改搭開放式紅色觀光巴士前往，在充滿著天主教和普韋布洛宗教文化的活動中，最特別的是普韋布洛文化的神聖小丑（Pueblo clown），從頭到腳塗著黑白條紋，臉漆成黑色，下半身繫腰布，頭上綁著玉米殼頭冠；他們穿梭在擁擠的人群中，時而戲耍觀眾，時而討取東西，娛樂眾人，也娛樂自己。我也跟著熱情的村民，為這樣的傳統文化著迷。

接近日正當中之際，重頭戲登場，由一群神聖小丑圍著一根很高很高的竿子，竿子上面掛有一隻假綿羊，他們彼此嬉鬧、互相競爭，爬到竿頂的過程中充滿有趣逗笑的表演；最後，由一位瘦小靈活的神聖小丑爬上頂端，

順利取下綿羊。在這神聖的日子，必須尊重陶斯‧普韋布洛文化的相關規定，任何記錄裝置都不允許攜帶、拍攝，眾人在歡呼和笑語中離開節慶會場。

回程，我們去了里奧格蘭德峽谷大橋（Rio Grande Gorge Bridge），這座橋穿越里奧格蘭德峽谷，懸吊在河上方 650 英尺處。我們將車停在大橋旁的休息區，面向橋梁，眺望依舊湛藍的天空，看見一對母子坐在車蓋上，等待欣賞即將降臨的黃昏。我們沿著碎石小路走了約十五分鐘，風很大，吹亂我們四個人的頭髮。走在鐵橋上膽戰心驚，當我行到橋中間，靠在鐵欄杆，看著里奧格蘭德河流過深綠色山谷，河道蜿蜒像一道閉上的眼睛，陰影下反射出彩虹光譜。峽谷的遠處即是陶斯山，西面則是一片廣闊平原，被數個遙遠的山峰刺穿。我內心深處所尋求的東西就是眼前這整片遠景，於是朋友們高呼：「Ali，你做到了！」我發出歡呼，用快門拍下這一秒。

日落時分，我們沿 68 號公路往南行駛至埃斯帕諾拉（Española），朝 285 號公路返回聖塔菲。落日餘暉照在我們的臉上，這是九月的最後一天。

註

陶斯‧普韋布洛（Taos Pueblo）是一千多年來古老的普韋布洛（Pueblo）生活文化和歷史的重要地區，也是唯一被聯合國教科文組織列為世界遺產（World Heritage Site），以及美國國家歷史遺址的美洲印第安人居住社區，居民仍使用母語，持續過著遵循傳統的生活。

普韋布洛是西班牙語，意思是「村落」。普韋布洛小丑（Pueblo clown）亦被稱為神聖小丑，每個扮演者都有獨特的角色。

輯二

———

十

月

告別的雨

十月悄悄來臨，九月的藝術家陸續離開。這裡的雨總是即時的，說下就下，說停就停，半夜一場驟雨，好像宣告著離別的憂傷，藍屋也不捨這群朋友的離去嗎？

週末格外安靜，只剩我和一、兩位藝術家留守偌大的空間。早上鳥鳴特別清脆響亮，約翰（John）是九月藝術家裡最認真的一位，經常一整天埋首創作漫畫，也是最後一位離開的。當他拖著行李經過我的房間，我知道他也即將離開了。這些日子跟他交集較少，猶豫好久，決定寫訊息跟他告別，寫下祝福之後，我的眼淚流了下來......

樹葉不斷飄下，離開的人真的曾經來過這裡，和我一起生活了二十三天嗎？空蕩蕩的藝術中心，讓我覺得一切都好遙遠。

藍色的天空映照著藍色的牆，不解事的陽光依舊燦爛。

雪倫

天氣漸漸涼了，聖塔菲森林公園（Santa Fe National Forest）已是一片黃澄澄的白楊樹風景。雪倫（Sharon）邀我帶著畫具，一起去咖啡館工作。她很訝異我第一次在咖啡館畫圖創作。我的確不愛在有其他人的空間裡創作，她則是可以專注沉浸在工作上的人。我和她最大的共通處就是心思敏感，工作就是我們生活的全部。

擁有德國血統的雪倫，是一位溫柔婉約且靜默慎重的人，有次深夜，我走到共用廚房喝水，不小心遇見頭髮整個紮起來的她，幾乎認不出來。她看到我，緊張地說：「哎呀！讓你看到不一樣的我。」當下，她似乎很在意我看到另一面的她，生活的藝術充分體現在現在雪倫的身上，當然也包括她的影像創作和一舉一動。

雪倫的專業領域是電影和數位影像媒體，她既是藝術工作者，又身兼大學教授。她的創作，跨越社會、經濟和文化種族，比如《撤消時間》(Undoing Time)，提到加利福尼亞監獄中被監禁的男女改變的旗幟、目標和服裝，代表著失蹤的身體、時間和那些生命被剝奪的人的經歷，一併檢討了監禁和刑事司法系統。透過她的錄像裝置影片，很能認同她想要傳達的觀點：提醒我們別急著為別人表達意見，而是先學習聆聽，才能了解他人真正的需要。

先前單獨和雪倫喝下午茶時，她不厭其煩傾聽我有限的英語，也樂意和我交換內心的問題。這天，我們前往森林，每棵樹都直直地伸向藍天，充滿活力。她說，等到白雪皚皚的冬季，這裡就可以滑雪，再找大家一起來。

抬頭一看，小月亮掛在前方的天空。忽然發現，我在藍屋生活一個月了。

我
的
英
文

在這裡，我經常表情豐富地比手畫腳，加上使用 Google 翻譯的交流方式，大家都覺得相當有趣。英語聽力與會話不是很好的我，面對人際間的交往，大多只是在粗糙的脈絡中回應和感受。多數時間，我會靜靜聆聽，盡力用我最大的敏銳度試圖理解。大家的親切與包容，讓我遇見另一個勇於表達的自己。

九月駐村的藝術家離開，十月新進駐的藝術家陸續前來，新的團體生活又將展開。我的英語能力雖沒有奇蹟似的飛躍，但也能在必要的溝通時安然度過。有時，我用繪畫記錄每日活動，甚至會主動舉手，搶先自我介紹。過去我很排斥這樣做，但在聖塔菲時我發現自己有這樣的可塑性，感到非常過癮，也多虧當地其他藝術家的支持和鼓勵。

藝術家們在這裡經常討論種族議題，我也渴望了解美國社會和種族的複雜狀況，但又無法以英文精準地陳述觀點。在此情況下，我依然選擇靜靜聆聽。有時，我會參加演講活動來提升自己的語言能力，最有感觸的一次，是一位教授講述她奶奶年幼時在印第安寄宿學校生活的過往。

美國原住民寄宿學校在十九世紀末至二十世紀期間設立，主要目的是為了提供美國原住民兒童和青少年基礎教育。寄宿學生在年齡、個性、家庭狀況和文化背景的差異下，各有不同的經歷、態度和反應。當原住民孩子在寄宿學校生活時，除了得剪短髮、穿制服、取英文名字之外，也被禁止說母語，甚至被迫改信基督教、參加教堂禮拜。這樣的寄宿學校，不僅為美國原住民文化帶來衝擊，有些孩子還得為富有家庭提供廉價的勞動力。這些孩子的成長史，往往是一個個令人泫然的悲傷故事。

山丘上的博物館

博物館山丘（Museum Hill）坐落於聖塔菲歷史悠久的東邊郊區，占地廣大，有四間世界級博物館———印第安藝術文化博物館（Museum of Indian Arts and Culture）、國際民俗藝術博物館（Museum of International Folk Art）、惠爾萊特美洲印第安人博物館（Wheelwright Museum of the American Indian）和西班牙殖民藝術博物館（Museum of Spanish Colonial Art）。除了能飽覽西南美洲原住民藝術、歷史和文化，西班牙殖民時期藝術，以及來自世界各地的民間傳統民俗藝術之外，山丘上的咖啡館也提供咖啡美食，從露台上可以欣賞遠景，還能漫步到鄰近的植物園。

其中，我最愛國際民俗藝術博物館，超過十三萬五千個收藏品，包括玩具和玩偶、服裝、面具、紡織品、宗教民間藝術、繪畫、飾品，每個櫥窗代表一個國家的文化特色，驚喜連連，吸引我們重返兒時；我也意外看見中華文化和宗教節慶文物，那份目睹屬於自己文化的親切感，讓我熱情地跟同行朋友介紹起自己的文化。

參觀完畢後，在館外陽光普照的廊道上走著，我們的影子長長地投射在地上。繼續參觀印第安藝術文化博物館，它藉由常設和當期展覽讓我們了解西南印第安人歷史藝術文物及當代藝術品。有兩個常設展覽融合整個北美第一民族的藝術作品：一個是從前哥倫布時期到現在的美洲原住民歷史時間表；另一個是從最早發現到當代新墨西哥州和亞利桑那州的普韋布洛人陶器傳統故事。由於收藏內容涵蓋西班牙殖民時期迄今，文物豐富精采，更能了解聖塔菲在國際文化的十字路口所扮演的角色。

我在博物館商店買了一本書，講述一位年輕的蘇族（Sioux）戰士，他從童年的平原被帶到遙遠的寄宿學校，在那裡，他學習白人世界的文化，卻沒有放棄找尋屬於自己的傳統價值。封底有這樣一句話：「Picking up this remarkable book is like picking up a piece of history.」

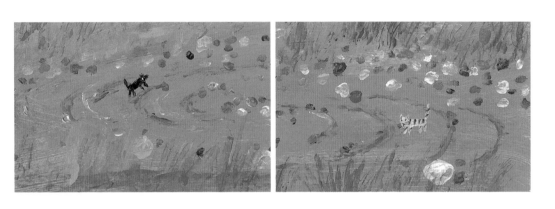

安靜的午後

低垂的雲朵與地上的光玩捉迷藏，草叢裡散發出不知名的花草香，聽到蝗蟲窸窸窣窣的聲音，以及四腳蛇穿過草叢的痕跡。柔和的陽光，照在蹓躂的貓身上，我推開門，「喵」一聲，貓咪走了過來，從那天起，牠就成為了我的貓，我給貓咪取名「Salt」。

從那天以後，我的眼睛總會不由自主往門外探索，我也常莫名笑著跑出去，想知道貓咪是否已經來了。Salt總是緩慢地從後花園角落走來，「喵」地叫一聲，然後坐下，舔一下舌頭，梳理身上的毛。牠的屁股兩旁總是沾著幾片落葉，一大片校園是牠奔跑追逐土撥鼠的樂園。

有時，Salt從我門邊走過去，緩慢的步伐轉移我創作的注意力。有時，我會和Salt一起散步，學牠喵喵叫。有時，牠會坐在房門外的椅子上，靜靜等我回來，與我「喵」幾聲，伸個懶腰就走了。

我們的相遇非常短暫，Salt卻幾乎天天來找我，不知道牠是否已經習慣別離，而下一次又會遇見誰呢？

原來，擁有一隻貓是如此快樂的事。

大地的母親

美國原住民紀念日這天，我和藝術家們前往位於84號洲際公路旁的波瓦印第安文化中心（Poeh Cultural Center）參與活動。這個節日如同軍人節，是個十分受到重視的紀念日。在烈日下，我和來自西方不同種族的朋友們參與這場印第安文化洗禮，他們唱歌跳舞歡迎來客，並準備美味的印第安食物提供大家享用。古印第安人生活在美國西南已有數千年歷史，聖塔菲四周鄰近的城市、峽谷和荒原都曾是他們的居住地，到處充滿打獵的遺跡。這片土地的樸實，讓我對古老的傳統與藝術懷抱敬意，而他們經歷艱辛的歷史風暴，此刻能讓自己的文化延續，也讓我感到難能可貴。

當地許多古印第安部落和遺跡雖已荒廢，但只要你赤腳走在地上，耳朵貼近岩石靜靜傾聽，都能感受到過去大自然裡狩獵放牧者生活的悸動。來自海島的我，也能感受到他們對大自然抱持著像是對母親般景仰和守護的態度。我相信在土地深處，古老的印第安文化根源仍然以新的方式在不斷滋養著此刻的他們。

我也發現當地人和動植物的關係十分緊密，這與他們的信仰有著密切關係。當地人都擁有一個屬於自己的動物或植物名字，以代表個人特質。我認識兩位擁有美國原住民血統的藝術家，其中一位是很會說故事的埃倫（Ehren）。有次我們聊起對印第安文化的喜愛，也聊到繪本創作，他從口袋裡拿出玉米粉放在我的掌心並要我輕揉它。他說，這代表祝福平安之意。另一位很會料理的道格（Doug），住在加拿大育空保護區，每天過著與麋鹿為伍的生活，他的創作元素總是離不開自然和食物。

沒想到，我也得到一個代表自己的動物名字———「蜂鳥」，道格說我個子雖小，動作卻很快，經常「啾～啾～」地跑來跑去。他說我的靈魂有著蜂鳥的速度。我知道蜂鳥的特質是信使，也是時間的終結者。我是一隻勇於接受挑戰的蜂鳥，很開心飛行萬里來到這裡和他們短暫相聚。

蘿貝卡

蘿貝卡（Rebecca）是駐村期間，無論去哪裡，做什麼事，總會在第一時間找我一起參與的藝術家。她比我大十歲，同屬於熱愛和平自由的星座。記得我生日那一天，以及我搬到她隔壁工作室那一天，她都默默在我桌上留下祝福的卡片，Open Studio 提交作品時，她也會主動詢問我是否需要幫忙，陪我一起布展。

擁有溫柔眼神的她，讓我在這裡多了一份安心感。我喜歡她每次看到我的微笑，也喜歡看她安靜優雅地讀報紙，以及自信發表各種言論的姿態。蘿貝卡的祖先是英國人，遠渡大西洋來到美洲大陸展開新生活。她的專業領域是古印第安歷史與文明，她集學者、教授、作家和策展人等身分於一身，還是個稱職的母親。我在這裡像學生，又像是妹妹備受她的照顧。記得那夜我們一起看完歌劇《蝴蝶夫人》，在回家的路上，我提議玩交換祕密的遊戲，我將「secret」說得太像「cigarette」，她一臉狐疑地問我為何想抽菸？我說：「不！是『secret』不是『cigarette』。」她突然會意過來，大笑地對我說：「Ali，你真的很有趣！」

那晚，我們真的在房間喝葡萄酒聊祕密，我把這一、兩個月遇到的困惑難解之事跟她分享。記得我們第一次出遊時，她也大方講述關於自己和家人過往的經歷，使我更加明白，真正走過苦難的人，更能同理他人的人生。蘿貝卡總是正面樂觀迎向問題，善待身邊每一個人，這也是我喜歡她的最大原因。

永遠記得她曾這樣對我說：「You are an incredible artist, a brave creative spirit, and a wonderful friend. Thank you for coming all the way to Santa Fe in 2019.」

黃昏散步

法蘭西野地公園（Frenchy's Field Park）是圍繞聖塔菲河沿岸的自然公園，深受當地人喜愛，也是週末假日休閒運動的好地方。當黃昏籠罩著整座公園，呈現出獨特的橘紅色，泥土裡鑲嵌著白色灰色的碎石，像大大小小的寶石聚集，形成一條白色的漂亮河流。遠處小籬笆圍著低矮的平房，空地周圍的老舊汽車和廢棄輪胎，更增添了些許靜謐荒涼。

巨大岩石旁的河岸上，柳樹和白楊木都化成秋天景致，原本絲帶般的水流，還有圓形石壩上翻騰的小瀑布，而今，已是乾枯河床。燕子在我們頭上盤旋，烏鴉棲息在籬笆上，還能聽見遠處馬舍傳來的馬啼聲。從前，人們享受這條河，看孩子們在河裡戲水，看紙船在水面蕩漾行進。如今，只看到大人們牽狗散步。

我們沿著河邊小徑散步，偶爾身旁會出現騎自行車或跑步的陌生人。當黃昏退場，迎來夜晚的星星，我們繼續晃蕩在水泥路上。當我們縮成小影子，鳥兒也沉入遠山，一日將盡。

美國超市

第一次走進當地超市，雖然入口處兩側醒目的夾娃娃機和零食販售機，像在台灣一樣，毫無違和感。但進到裡頭，超市人員與外形酷似海明威的顧客問候聊天：「How was your weekend?」、「How was your day?」年輕父親站在花束販賣區拿起一束花，對著嬰兒車裡的孩子獻出笑容；小男孩一邊玩手上的遊戲，一邊向我打招呼：「你看，我打怪成功！」還有，金髮胖女孩在甜品區流連忘返，這些彷彿電影的畫面，直到我拿起醃製小黃瓜罐頭，才意識到自己真的在美國。這裡是一個匯聚著不同種族和移民的地方，為了滿足不同需求，也因此可以輕鬆買到亞洲特色的食品和米，甚至還可以吃到握壽司便當。

有一次，一位穿著看似多金的中年婦人，在水果區和我不約而同看上同一串香蕉。她對我說：「你看，這香蕉長得漂亮又便宜。」我以微笑回應。接著，我們又在另一處相遇，這次我聽不太懂她說了什麼，但我還是點頭微笑。正當我心想怎麼這麼巧的時候，她突然從我背後拍了一下，拿出二十美元，小聲地跟我說：「這些錢給你。」我被她的舉動嚇到，一直跟她說：「謝謝，不用，我有錢。」我大約拒絕三十秒，她才肯放棄。我迅速結帳步出超市，邊走邊想，為何她要給我二十美元呢？我看起來很窮嗎？

後來，我跟藝術家們聊起這件事，他們除了驚訝以外，還跟我說聖塔菲這裡住著很多有錢人，也就是所謂的土豪。仔細想想，婦人的穿著打扮和一舉一動，真的有種想要表現「我是有錢人」的氛圍。我可以理解她的善意，但是這份善意帶給我不舒服的感受——往往很多人急著付出友善與熱情，卻忽略對方真正需要的。

奇馬約教堂的沙

奇馬約山谷是由三條溪流匯聚，橫亙整片山谷的青翠綠洲。以擁有「聖土」（Holy Dirt）和「耶穌受難像」的神祕治癒力聞名於世的「奇馬約教堂」（El Santuario de Chimayó，Santuario 是西班牙語中「聖所」之意），便坐落在這座美麗的山谷。每年，來自世界各地的朝聖者，有人赤腳行走，有人背著木製十字架，不約而同地來到這個地方。人們跨越了種種複雜的文化藩籬，讓這裡成為一座祈禱和祝福的教堂，也成為天主教在美國最重要的朝聖地。

教堂斜對面，是一間充滿古巴爵士樂氛圍的俱樂部，斑駁陳舊的牆面上，貼著簡易的冰淇淋符號廣告、藍色汽車形狀的招牌，這樣的俱樂部與教堂為鄰，倒是頗耐人尋味。我們看了看四周，從教堂外圍的庭院進入，教堂主建築的兩側各有一個鐘樓，入口處兩個並排的房間則形成了前廳後院，裡頭有民間藝術雕刻和裝飾。緊鄰祭壇旁的房間內，有一個圓形小土坑，裡頭保有被認為具有治癒能力的「聖土」。進入這個房間的門也很小，大多數的人都必須彎腰，甚至下跪才能拿取坑中的土。許多人將它塗抹在身體上或倒入盒中帶走，他們深信在身體上擦拭聖土可以緩解身體的痛苦，還能消災除厄。蘿貝卡也取出一些聖土要我塗抹在身體，並將剩餘的聖土帶回藍屋，與其他藝術家們分享。

「聖土室」旁是「祈禱室」，牆上掛著各種拐杖、助行器和十字架，也貼有許多活著或死去親人的照片，還有祈求祝福或感謝上帝的卡片。信仰是幫助我們相信神的愛和旨意，許多身體或心靈遭受痛苦的人來此尋找奇蹟，也感受到見證者對生命的渴望與感謝。然而，有些人找到，有些人找不到，但他們都分享了對上帝的愛，並相信一切都來自上帝的旨意。這些文字和照片，讓我深深感受上帝的仁慈與信實，在我們心中是如此堅定。

曾有人說，有時候「奇蹟」並不是治癒受折磨的身體，「奇蹟」就是「信仰」本身。在短暫停留的片刻，我們在主祭壇內的椅子上小坐，鳥兒在古老的窗外鳴叫，生命也在那裡顯示著純潔和榮耀。光影灑入窗櫺之間的縫隙，照在古老木雕裝飾的聖母修士畫像上。眼前的一切，彷彿神聽見了我們內心的祕密而回應著。

J 太太 的 餐廳

擁有五十六年歷史的奇馬約牧場餐廳（Rancho de Chimayó）是一間坐落在百年莊園裡，舒適浪漫又保有墨西哥傳統文化的家庭餐廳。當我們走進餐廳，壁爐早已將溫暖的熱量傳送到每個角落，服務生陸續為客人安排座位，送上餐點，此起彼落的聲音，像一首好聽的爵士樂。

我們先坐在等候區品嘗白葡萄酒，看著每一桌的客人大快朵頤吃起眼前的美食，接下來服務生帶領我們到一間小房間，隔壁桌是一對看起來感情很好的老夫妻，彷彿掛在白色土坯牆上的家庭照片裡的人物，也顛覆我對美國人情感生活的想像。上菜後，我們十分滿意自己所點的午餐，一直說這個好吃、那個好吃，店家特製醬料配上玉米片更是超級美味。用餐完畢，走出餐廳，陽光依舊，一對新人正忙著籌備將於晚間舉行的婚宴。

有人曾說，如果你是信仰虔誠的人，若有機會來奇馬約（Chimayó）一遊，除了帶走天主教堂裡一些神奇聖土證明自己的虔誠外，也一定要來 J 太太的餐廳品嘗墨西哥傳統的神奇美味料理。餐廳女主人賈拉米洛（Florence Jaramillo）女士，在新墨西哥州被稱為烹飪界的寶藏。她說：「只要你能做到，就去做。」她過去能同時處理十件事，現在雖然無法像以前一樣，但熱情仍然存在。她大部分時間都待在這間餐廳，用心烹飪出一道道新鮮美味的料理，讓每個客人都像回到家一樣。

搭公車

我喜歡在國外搭公車，看著沿途行進的風景，也喜歡坐到終點再折返；如果時間允許，我會改搭其他路線，再前往另一個方向。搭公車，是我認識一個城市最理想的方式。聖塔菲公車的班次、路線和目的地，都是以市中心為起點，也以市中心為終點。沿途房子多數酷似豆腐形狀的建築，一棟又一棟獨立安靜的居家，讓人感到合宜舒適。

第一次遇見的聖塔菲公車司機，非常符合我想像中的美國人形象。他戴墨鏡，身形微胖，一副唱嘻哈的模樣。他人很好，總會遞給我一日公車卡，讓我只花一美元就可以公車搭到飽。搭公車的旅客通常不多，放眼望去多半是老人、背包客、流浪漢以及像我這樣的外國人，爾後搭公車的日子也都是這樣的組合。公車前面偶爾會載著腳踏車。我總是目光探索著上下車的人，透過公車的移動，獲得某種替代走路的滿足感。

有一次，我剛上車，巴士準備開往下一站，就莫名其妙出了輕微的小車禍。那天正好是黑色星期五。女司機拿起麥克風，要求乘客填寫車禍調查表，並等待警察和巴士公司人員來處理，多數乘客置之不理，紛紛下車走人。

我因為坐在電動輪椅上而無法離開，被安全帶緊緊固定於車內座位旁的角落。這時女司機走過來對我說，希望我能成為見證這場車禍的乘客，我只好默默乖乖坐著，等待接下來會發生什麼事。當巴士公司人員抵達，他們詢問我：「你有受傷嗎？」、「你是美國人嗎？」他們發現我的英文沒那麼好，就不再多問了，只要求我等候警察前來，擔任唯一留下來的見證人。

這其實是場令人無感的車禍，也沒有人受傷，撞公車的汽車看起來也沒有任何凹陷痕跡。我心想，幸好事發現場離駐村地很近，萬一需要求救也很方便。這時，突然有一股落寞的疏離感湧上，畢竟，這裡沒有人認識我，我全部的家當也只有一個行李箱。

生日

在美國有一群藝術家陪我過生日是件特別難忘的事。

一大早，我們五個女生開著兩部車，前往聖塔菲的 SITE Santa Fe 參觀。當天的天氣是我來這裡所見過最詭譎的一日，一下子出太陽一下子下雨，就像我的人生。在路上我打趣地跟她們說：「我可以聽見神的聲音。」她們回我：「Ali，你看，神也在祝福你的生日呢！」

我們看了一個很特別的展覽：「美聲唱法／當代藝術家探索歌劇」，從故事、傳統、建築和音樂中探討種族、性別和階級主題。現場展出美聲唱法的參展藝術家作品，包括一部展現威爾第後殖民時代風格的電影、探索歌劇院宏偉空間的大型攝影、與歌劇故事、音樂、布景和服裝相關的多個裝置，抽象歌劇設計的圖畫和拼貼，以及一個虛構歌劇天后更衣室的裝置藝術。

至於美聲唱法則是透過各種形式的作品，將歌劇塑造成社會的一面鏡子，生動表達了基本情感，以體現文化的高度價值。在全黑的放映室裡，我們聆聽著一位美聲男高音唱著「Let go Let go ......」，彷彿把我們帶往全新的境地。另一展區則陳設有關修女的歷史和故事，這場展覽的主軸是在書上縫紉，以呈現每個階段修女的歷史、信仰生活、服飾與藝術的結合，也是一個可以細細觀賞的特別展區。

午後，藝術家法蘭西斯科（Francisco）認真忙完創作後，拿著專程為我準備的蛋糕，興匆匆地前往共用廚房，卻不慎滑了一跤，整個蛋糕就這麼摔在地上，成為一個名副其實的超級藝術「塌」蛋糕。大家看到面目全非的蛋糕都笑了。他們還告訴我，美國人過生日一定要吃冰淇淋加蛋糕，才算真正過了生日。於是，身邊圍繞著一群外國人為我唱生日歌，吃著巧克力胡蘿蔔蛋糕配上冰淇淋，真是倍感甜蜜幸福。

晚上，我們又去 COWGIRL BBQ 聚餐，店家也熱情地為我慶生，餐後被一群女牛仔服務生包圍，大聲唱起生日快樂歌。這鐵定是我這輩子最難忘的生日了！

註　SITE Santa Fe 是一家位於聖塔菲的非營利性當代藝術組織。自 1995 年成立以來，SITE Santa Fe 舉辦了十一場雙年展，超過九十場當代藝術展覽，並展出來自世界各地數百位新興和知名藝術家的作品，其中大約 20% 的參展藝術家來自新墨西哥州。（摘自維基百科）

班得利爾的藍月

陽光散落在森林，蒼鷹在天空翱翔，細細的雪花落在草地，結成一層白色薄衣。我走過樹木遮蔽的碎石小徑，殘雪堆積在印第安人曾居住的普韋布洛遺跡上，角落的雪被陽光照亮，形成一道詩意的藍色半月形。微風中，葉子輕輕飄落，蝴蝶擺動翅膀掠過我身邊，我慢慢走著，忍不住吶喊：「你好，我在這裡！」大自然也彷彿歡迎著我，樹冠上的鳥兒對我唱歌，吸一口新鮮空氣，我的喜悅全寫在臉上。環顧四周，風穿行在荒原，懷想著古印第安孤寂荒涼的廢墟，岩石洞穴歷歷可見，彷彿古印第安人的生活也在光影中浮現。看著古老的梯子、乾涸的河床、散落的陶片和洞穴裡的原始生活，想像他們在寬闊的台地和陡峭峽谷的建築，觀看群星，圍火跳舞，向大地祈願的儀式。

自然景觀多數讓我望而生畏，卻又想靠近，當我安靜下來，終於能在藍色的大自然圓頂下，感覺自己和這片土地合而為一。回神一看，伙伴已經從遠處走了回來。

洛斯阿拉莫斯的陰鬱

十月底，當我們完成 Open Studio 的個人創作後，決定拜訪洛斯阿拉莫斯（Los Alamos）。沿著 NM 4 行駛至瓦勒斯火山口（Valles Caldera）稍作停留，遠眺一百萬年前火山爆發，坍塌後所形成的火山口，它是世界知名的火山口之一。導覽圖示解說當時火山口噴發所形成的活躍地熱系統，我們像觀光客般拍照留念，到此一遊。

繼續以 GPS 導航指示的方向，開往洛斯阿拉莫斯，經過一個哨警站，一位身穿軍衣的警衛突然從裡頭跳出來，「Barking」一聲，他的聲音如凶狠的狗吠，我們四人則如同電玩遊戲裡，闖關突然遇到魔王，被嚇到驚聲尖叫。他要求檢查我們的身分證件，輪到我的時候，我既沒有美國 ID，也沒攜帶台灣護照，同行的藝術家急著幫我解釋，竟然異口同聲說：「她是來自台灣有名的插畫家。」當下，我著實感到不好意思，只好面對哨警靦腆微笑。幸好，我們平安通過檢查，順利前往市區的博物館。一路上，我們仍談論著前一刻的驚魂記，心情忐忑不安。哨警那一聲「Barking」實在太震撼有力了。

當我們抵達市區，在漢堡店用餐，看著窗外安靜的街道和稀落的人群，依舊感受得到第二次世界大戰期間，此地曾做進行名為「曼哈頓計畫」的核武器研究，當時由洛斯阿拉莫斯國家實驗室研製的原子裝置，其中之一便於新墨西哥州阿拉莫戈多（Alamogordo）附近，進行代號為「三位一體」（Trinity）的核試驗，當時瞬間炸開的蘑菇雲，經過這麼多年，其陰影依然籠罩在這個已經轉型為環保科技的城市。現在這裡到處是專業領域的研究機構，充滿以太空探索、再生能源、醫藥和奈米技術等先進的科技產業。過去極端抑鬱的氛圍彷彿還在，銜接著怪異詭譎的嶄新未來。

佩科斯

廣闊的荒野，蒼茫的大地，已有了初冬的氣息。太陽逐漸西沉，風在四下無人的荒原跳舞。我走在綿延不絕的蒼茫大地，聽著遠方鳥鳴的韻律，想像古印第安人在這裡交易的喧鬧聲、西班牙探險者彼此盔甲的碰撞聲、還有數以千計的貨車曾經駛過的步道，以及延續至今放牧牛群的景象。

我喜歡透過這樣的想像方式，在現存的遺址裡，重新探索古老的傳統生活，彷彿當時歷史的十字路口，時間正從我眼前通過。如今，放眼望去四周都是乾枯的矮樹、荊棘灰藍的丘陵峽谷，糾結成團的焦黑仙人掌。在這片快被遺忘的滄桑土地上，風呼呼地吹過一片鬱鬱蔥蔥的平原、吹向荒廢的教堂，也吹向遠方。令人肅然起敬的黃昏裡，我彷彿聽見古印第安人手敲著鹿皮鼓，吟唱著禮讚之歌。

我們太晚出門，無法尋找佩科斯（Pecos）更多孤獨的痕跡，也無緣見到數百頭牲畜被放牧在無垠荒野、那壯闊漫遊的景觀。走完一個步道和教堂遺跡，一抹晚霞升起，夜從山頂降臨，風依舊吹著，久久無法平靜。

我們驅車回駐村地，車內繼續播放酷玩樂團（Coldplay）的〈Yellow〉，我、莎拉和雪倫哼哼唱唱，奔馳在前往聖塔菲的路上。一望無際的荒野，偶爾出現一、兩棵樹和風車的黃昏裡，夏天、秋天也隨著九月和十月的藝術家一起離開了。

十月將盡。

輯

三

十一月

靜禪

時序進入深秋，樹葉從銘黃變成深黃，隨風飄落。地上的落葉，一層又一層堆疊出各種層次的黃毯子。

努塔佛（Nuttaphol）像修禪的行者，拿著掃帚，靜靜打掃藍屋中庭的落葉；我則像個孩子，喜歡走在成堆的落葉裡，「唰唰～唰唰」地，腳步聲也有了自己的節奏。

日子，就這麼悄悄地進入了冬季。

莎拉與糖

莎拉有著東方女孩的美麗五官，散發出神祕和聰明的知性美。從她的作品不難看出，她長期關注西亞和東南亞文化，頗有獨到見解。哥倫比亞大學建築系畢業的她，擅長攝影、插畫、印刷、表演，她的創作泯除了身體與空間的邊界，以紀念和尊重激盪出謎樣的風格，也保持了與他人之間的和諧。

坎迪斯是加拿大籍烏克蘭裔的藝術家，經常到處駐村，旅行經驗也非常豐富。她從事聲音、影像、繪畫和裝置藝術的研究，同時著眼於自身文化和少數民族的語言藝術。由於我和她經常在清晨的廚房相遇，常會小聊各自創作的片段，有次她告訴我，她的名字「Kandis」跟德國某種特殊的糖同名，從那天起，我便改喚她「Sugar」，她似乎也很開心擁有這個綽號。

有天晚上，我們三人在廚房餐桌上邊喝酒邊聊各自的文化，與對藝術的喜好。才發現，原來我們都很喜歡有點「weird」的藝術，於是開始分享著自己喜歡的怪誕藝術家，說著說著，三個人愈笑愈大聲。Sugar 也會給我們看烏克蘭的舞蹈和服飾，我和莎拉異口同聲說：「這是東、西方結合的最佳範例，創造出屬於自己細緻又獨特的文化。」當下的 Sugar，露出對自己文化的驕傲感，那是屬於少數民族的光輝。

我們三人的組合就像一道融合歐亞和中東口味的生菜沙拉，特別卻又清爽可口。Sugar 十月底離開藍屋之後，我和莎拉偶爾還會在共用廚房喝酒談心。我跟莎拉說，我和父親說話很少超過二十秒，也已經很久沒和他說過話。莎拉說，她跟父親關係也不好，父親對她的管教非常嚴厲。她每次看到父親就只會對他說：「喔！」或「欸！」，我們相視而笑。

從那刻起，我們變得更加熟稔。只要在廚房相遇，就會聊心事。在這裡認識的每個人，雖然和他們的語言和文化差異很大，我用東方人的角度去理解西方人，卻多了一種微妙的心情。有時候，我甚至覺得人們的心事都一樣，只是說與不說而已。我喜歡西方人的樂觀開朗，在相處上尊重個人空間，不給人太多壓力。在這樣的文化洗禮之後，我比較能夠原諒自己。或許哪天，我也能找到與父親相處的最佳模式吧！

偷來的時光

搭錯車來到市區，街角大鐘已走到十點半的位置。

我停在馬路口等紅綠燈，無精打采的路人和零散的攤販，街道放眼望去顯得安靜，察覺到有什麼和平日不太一樣。當我走過藝術博物館，再橫越小路前往歷史博物館（New Mexico History Museum），入口處標示著：「今日休館」。平日所見的觀光風情消失無蹤，只剩下畫作般蘊含寧靜的街景。

我正準備往回走，卻發現博物館的側門開著，一、兩個人走了進去，我也好奇跟著走進去。沒多久，我被眼前一棵挺拔、生氣勃勃的大樹所吸引，在和煦的陽光下，大樹增添了幾分神祕的氛圍。原來很多遊客喜歡環抱拍照的主角，就坐落在這裡，四下無人，我可以靜靜欣賞。當我抬起頭，卻看見屋頂上有工人在修理東西；過沒多久，走來一名警衛問我：「你怎麼在這裡？怎麼進來的？」又對我說：「今天休館，這裡是不能進來的。」表情有些生氣的他，領我走回側門，迅速將門緊閉的動作，讓我頓時覺得自己好糗。

我在裡頭停留了二十分鐘，也算是偷來的時光吧！

晚餐後的小夜曲

我和十一月來駐村的藝術家 VK 和瑪麗（Marie）特別投緣，一下子就跟她們熟稔起來。氣溫驟降的冬日夜晚，約好晚上八點校園散步。我們三人裹著大衣、長靴、手套和毛帽，像極了卡通人物。寒冷的冬夜，我們手裡拿著斟滿酒的杯子，互相擁抱取暖，走在校園散步。警車久久才巡邏一次的黑暗校園，建築物和校園裡的雕像都變得陰森恐怖。突然跑出一抹小黑影，我說：「是誰？」她們倆大聲說：「是貓咪 Salt。」瑪麗說：「偌大的校園是 Salt 的家，也是她的遊樂園，Salt 一定經常在暗處默默跟著我。」

瑪麗和 VK 都喜歡散步思考，她們經常把路上撿到的特別東西如鳥巢、扣子、瓶蓋……等，當成創作的配件或基底。瑪麗也常懷著小女孩般的心情，與我分享她的家庭生活。那一天月亮好大好圓，我正式加入她倆的世界。我們三人分別來自加拿大、澳洲和台灣，不同的國家和種族文化，兜起一個圓。

我所喜愛的

印第安文化與藝術

我們一行人經過聖克拉拉普韋布洛（Santa Clara Pueblo），看著很久以前此處曾有河川和動物們生存的荒野，俯瞰貧瘠空無的大地上鮮明狂野的山丘和山峰，綜觀自然中獨屬於這裡的氣息，古老傳統的力量如此神祕，普韋布洛特色的舞蹈和音樂壯觀而令人愉悅，在土黃色泥地上奔跑的土狼、美洲牛群，都令我十分著迷。

在美洲原住民普韋布洛族裡，我最愛祖尼族（Zuñi）和霍皮族（Hopi）。這兩族都曾抵制西班牙人入侵，得以保存他們的文化和傳統。祖尼人講的祖尼語是一種與其他美洲原住民語言都沒有關聯的特有語言，他們也有屬於自己的宗教儀式和舞蹈，儀式以敬拜神、祈求土地肥沃和下雨為主，因此信仰也特別尊崇三位強大的神：大地媽媽、太陽爸爸和月光媽媽。由於始終英勇奮戰、捍衛自己的文化和對祖先的尊重，創造出許多獨特民間藝術。

霍皮族認為自然界的一切都有其靈魂存在，除了太陽崇拜之外，還有象徵祖先的卡奇納（Kachinas），卡奇納代表霍皮族的地球親戚與另一個世界的靈魂進行連結，往往透過擬人化雕刻賦予這個「超自然生物」象徵，一般多用白楊樹根部雕刻，塗上油漆，再用羽毛和其他各種材料裝飾。霍皮族認為根是樹的營養來源，也代表賦予卡奇納娃娃生命。除了先祖的靈魂之外，卡奇納對霍皮族而言，也意指宇宙中的任何事物，包括精神觀念和自然現象，霍皮人會在儀式中召喚祂們。

我也非常喜歡陶藝家海倫·科爾德羅（Helen Cordero, 1915-1994）的泥塑〈說故事的人〉（Storyteller），主角是一位有著平直瀏海頭髮，穿著傳統科奇蒂服裝的婦女，嘴巴張開，為背在身的大大小小孩子們講故事或唱歌。海倫曾說，他們是我的小人兒，我與他們交談，他們在唱歌。這也反映了普韋布洛的信念：黏土即生物。

另一位藝術家帕布利塔・維拉德（Pablita Velarde, 1918-2006）描繪了普韋布洛人的傳統生活，她用色彩豐富且細膩的畫作，記錄人民生活和慶典豐收的感謝。阿瓦・齊瑞（Awa Tsireh, 1898-1955）的畫作則富有普韋布洛傳統藝術與美國現代主義藝術風格，畫作中，舞者穿著米色鹿皮短裙，上面塗有角蛇的象徵，腳踝上有臭鼬皮毛的白色鹿皮鞋，他們也將樹枝繫在腰上，用牛角和老鷹羽毛做為頭飾。這些引人注目且色彩鮮豔的舞者，強調著表演的重要性。他們的藝術呈現讓我更容易理解普韋布洛生活文化裡的一切日常與想像。

週日慢活

十一月的駐村藝術家喜歡逛農夫市集，我們穿行在擠滿人潮的空間，農家都拿出看家絕活，販售自家的肥皂、精油、蠟燭、麵包和各種蔬菜農產品；我快速兜了一圈，只買了一個蘋果派就往外走。

帶狗散步和騎腳踏車的人很多，彈吉他的藝人也昂首唱歌，賣詩人在打字機前，認真低頭寫詩。我繼續沿鐵道旁的柏油路走，往西南邊的鐵道區（Railyard）前進，那裡是前衛藝廊聚集地，也是搭乘聖塔菲南方鐵道（Santa Fe Southern Railway）四小時觀光列車的地點。此區是聖塔菲新的聚集休閒地，鐵道對面有一整排帳篷式的當代藝術和精采表演。除了可以逛農夫市集，在公園散步玩耍，從夏天到秋天，也有熱鬧的戶外音樂會、電影節和藝術博覽會，尤以當代藝術空間 SITE Santa Fe 為此區核心。

我走到火車站小坐片刻，轉至下一個路口，晴空有雲飄過，人來人往，地上滿是黃澄澄的葉子，幾隻鴿子走來走去，到處充滿陽光、充滿有故事的人，一間迷你電影院和漫畫屋便足以打發時間。接著，我往西，在瓜達盧佩區（Guadalupe District）安靜迷人的街道漫步。可愛的服裝店、優雅的珠寶店，以及少數獨立書店和唱片行也值得駐足片刻。我繼續漫無目的地閒逛，直到迷路，累了，才搭巴士回駐村地。

雲朵與土撥鼠

人去樓空的校園，除了極少的辦公人員和巡邏員警，只剩土撥鼠和烏鴉，時間經常靜默成丘陵。一、兩隻土撥鼠在荒廢的土堆裡，時而探頭，時而奔跑，我初次從遠處看到牠們時，非常吃驚，以為是狐獴，多看幾次，才發現是土撥鼠。朋友告訴我美國有土撥鼠節（Groundhog Day），那是北美地區傳統節日，每年 2 月 2 日，美國和加拿大許多鄉鎮都為此慶祝。傳說中，土撥鼠背負著預報季節時令的任務，如果 2 月 2 日這天，土撥鼠能看到自己的影子，北美的冬天就還有六個星期才會結束；如果土撥鼠看不到自己的影子，不久後春天就會來臨。

教堂街角

我穿梭巷弄，迷失在建築物與建築物間的地下廊道，莫名走進知名的拉瑞多教堂（Loretto Chapel），看到許多人湧向著名的謎樣旋轉樓梯打卡。傳聞當教堂內部完成，建築師驟然逝世，卻沒有可以通往唱詩班廂房的樓梯。1878 年有位神祕男子現身建造了兩個 360 度旋轉的樓梯。這座只使用木釘的樓梯，位於教堂一角，造形奇特又顯目，影集、電影和小說都曾以它為主題發展出故事。

欣賞完畢，我從教堂另一端出口離開，漫無目的地閒逛。伴隨街角的陽光，彈吉他的藝人熱情唱著敬拜讚美神的歌曲，公園也傳來印第安人打鼓唱歌的聲音。商店櫥窗裡販售的商品，多是精緻高檔的手工銀器和陶器。我特別留意到，到處都有墨西哥藝術家芙烈達・卡蘿（Frida Kahlo）的相關商品，從襪子、手提袋、明信片到枕頭，簡直不輸給歐姬芙在這裡的地位。歡樂的街道上，坐在商店門口階梯上的印第安老婦人抽著菸，眼神若有所失，孤獨者形象深深印入我的眼簾。

滷肉飯

在陌生環境裡，縮短彼此距離的最好方式就是食物和酒。往往，幾杯酒下肚，談話變得更自在。因此，駐村的藝術家時常一起做飯，分享不同的料理。廚房飄散出淡淡的大蒜和黃油的香氣，溫暖的家庭氣味四溢，已婚的藝術家們做菜更是道地。我跟斯里蘭卡籍的VK說：「我最愛的廚師是斯里蘭卡裔澳洲籍的 Peter Kuruvita，我曾經寫信給他，說我喜歡他一邊做飯，一邊講自己的家族故事。沒想到，Peter 回信給我，並且跟我說：『女孩子不會做菜沒關係，嫁給斯里蘭卡男孩就對了。』」VK 說：「真的，斯里蘭卡的男生真的很會做菜。」

藝術家們似乎也喜歡單純吃花生醬、洋芋片和朝鮮薊料理。每次一起吃飯聊天，傳遞菜餚，一邊咀嚼食物，你一言我一句，總是歡樂自在。比如素食主義者的俄國裔加拿大籍鋼琴家格雷沙（Grisha），曾教我只要一直看著手指，就可以進入夢鄉，我怎麼做都沒辦法達到他說的境界。另一位道格，是擁有美國原住民血統的加拿大籍藝術家，他的創作都跟飲食有關，也非常喜歡做菜。他經常收集大大小小的罐子，裡面裝的都是喝了會有活力的自製發酵飲料。他每次看到我總會說：「我今天要為你煮一道菜。」有天，他和瑪麗希望我能搜尋台灣傳統料理食譜給他們；過沒幾天，他們真的按照食譜做了滷肉飯和滷雞腿。那一晚的餐桌上，有著不同國家的傳統菜餚和他們各自的拿手菜，藝術家們盡情啜飲葡萄酒並大啖美味雞腿，可說是駐村期間最棒的歡聚了。

共享食物、觸動心靈的美妙時光裡，那一碗有點甜的滷肉飯，是桌上最特別的一道。就像我們的情誼，有股難忘的淡淡甜味。那也是我吃過最好吃、最用心，最有媽媽味道的滷肉飯。

帳篷岩

從聖塔菲出發，沿 I-25 公路向南行駛，往科奇蒂普韋布洛（Cochiti Pueblo）。來到「卡沙－卡圖維帳篷岩石國家紀念碑」（Kasha–Katuwe Tent Rocks National Monument, 簡稱 KKTR），普韋布洛語中「Kasha–Katuwe」意指「白色懸崖」，巨石頭頂像是印第安人帳篷的形狀而取名為「帳篷岩」。圓錐形岩層是六、七百萬年前火山爆發，由岩石碎片和殘留的浮石灰燼結合的凝灰岩，從斜坡上洩流擠壓後，形成獨特的火山碎屑流。隨著時間經過，風和水不斷侵襲，這些沉積物逐漸形成峽谷的奇貌。

這次旅伴除了蘿貝卡以外，還有爽朗的凱特琳（Caitlin），一路上我靜靜坐在後座欣賞風景，聽著她們聊天和凱特琳充滿感染力的笑聲。進入保護區前，設有關卡，管控限制車輛進出，當一部車出關，等待的車才可以進入保護區。我們等了將近一個鐘頭，警衛知道我來自台灣，特地送我一個繡有帳篷岩圖案的徽章。當我們停好車，看見白雲靜靜飄過，巨鳥盤旋在圓錐形的帳篷岩上方。我走在巨石下方的軟浮石和凝灰岩上，兩旁奇怪而巨大的岩石，彷彿走入一個非常巨大的印第安部落。岩壁上美麗的質感和色彩，結合強烈獨特的造形，透過光線投射，在岩石之間，形成陰影中的小風景，每個轉彎處都有珍貴的發現。再往前，是細如軟砂的碎石路，我的電動輪椅進退兩難，無法克服障礙，只好放棄。我緊緊握著警衛送我的布徽章，孤單地望向遠方祈禱，等待朋友回來，跟我分享無緣看到的一切。

臨近黃昏，我們又轉往山丘上的美術館與其他藝術家相聚，一起參觀印第安原始與現代藝術結合的展覽。當我們走出展覽館，夕陽照在每個人臉上，光影投射在草叢，漂浮成一條一條的魚。再過不久，最後一次「Open Studio」結束之後，我們就會道別，各奔前程。我發現我愛上這裡的顏色，也是屬於新墨西哥州特有的顏色。

分隔島上的旅人

大馬路分隔島上，旅人胸前掛著紙板站在那兒。紙板上寫道：「我正在旅行，請給我錢。」、「我正在回家路上，請給我錢。」、「我好幾天沒吃飯，請給我錢。」被風吹到角落的殘破瓦楞紙上寫著：「Homeless, Cold and Hungry. Anything.」無家可歸的疲憊心情，表露無遺。不知寫字的人又飄泊到了哪裡。

我經常在路上看見不同的旅人，生活在路上是他們置身世界的方式。有些坐在公園吃飯，有些會嘴裡嘟嘟嚷嚷說著話，有些會低著頭抽著路上撿來的菸。旅人背著簡易行李四處遊蕩，有些人有伴，有些人帶著狗。土地廣大的國家，飄泊的旅人多數是熱愛自然、渴望無拘的生活。

我還經常遇見搭便車的背包客，行動露營拖車也很稀鬆平常。

查科峽谷

查科峽谷（Chaco Canyon），是我與藝術家們最後一次同遊的地方。為了迎接更遙遠的旅程，我們特地租了一台大車，前往需三個小時車程才能抵達的地方。查科（Chaco）曾是普韋布洛人舉行傳統儀式和聚會的場所，即使這個文化起源地已荒廢，依然是霍皮人和普韋布洛人神聖的祖先家園。

沿路風景變化很大，公路兩旁，灰褐色岩石延伸，遠山頂端還有些積雪。山巒岩石如野獸般的形狀和顏色，冷空氣和風聲更增添詭譎氛圍。前兩個小時的道路都是筆直的，遠處偶見天然氣、石油的開採。經過幾個杳無人煙的小鎮後，最後一小時的路布滿裸露的大小碎石，極為顛簸，伴隨著遠處龐然的黑色山脈，無人、無電線桿，四周也無動物足跡，空蕩詭異得像是在另一個星球，耀眼蒼穹下，一望無際的廣漠，幾乎沒有移動的影子，感覺只剩自己與大自然共存。

冷風狂吹，猛烈寒氣直撲身體，烏鴉棲息在峽谷入口處的垃圾箱上，等待啄食遊客留下的食物。當我的手輕碰斷垣殘壁，周圍安靜的光引領著我，走向一條通往回家的路。我跟他們說，我以前好像曾住過這裡，你們曾是我的鄰居或家人。同行的藝術家都很認同並回應：「那時候，我一定是你父親，經常叫你去畫畫……」在這幽微的時空，想著自己竟飛越萬里來到這裡，與一群外國朋友不可思議地短暫生活；也想著是什麼樣的緣分，將我們連結一起，生命真是又孤獨又微妙。

在陡峭山崖中的昔日遺跡，純白的雪飄落在摳不著的黑暗角落，此刻，我在這裡默默感受天地給予的靜好，注視遠處巨大岩石斷層的細縫裡，我得以從一道光芒想像當時人們如何在此艱困的生活，以及被迫離開的種種；如今，遺留在荒原裡的麋鹿，一雙雙充滿孤寂和等待的眼神，也正迷濛地看著我們。印第安人的祖先們因為無法生存而被迫離開這裡，分流移居各地，想到自由、想到獨立、想到回家的路好遙遠，只剩下麋鹿們繼續留在此地靜靜繁衍後代。

回程的路上，我們從無人煙的碎石泥巴路，順利駛上柏油路，我們已經離開神聖的印第安保留地，回到燈火通明的小鎮。途中，還差點在十字路口被一台快速闖紅燈的汽車撞上，幸好閃過了厄運。我靠在椅背上凝視窗外，一切恍惚得好不真實。

註

查科峽谷（Chaco Canyon）在西元 900 年至 1150 年之間，是普韋布洛許多民族聚集在一起，分享其傳統儀式和知識的中心，亦為一特殊聚會場所。如今遺址仍聯繫著他們與土地的精神，被視為神聖的家園，並被政府定為查科文化國家歷史公園（Chaco Culture National Historical Park）。

雪地明信片

寂靜把我叫醒，不知道是幾點鐘，只感覺空氣裡有一股陰鬱難受的氣息；從百葉窗看出去，原來是下雪了。無瑕的雪花紛飛，後花園周圍的建築物和道路已被雪覆蓋。「是雪！是雪！」我聽見大家打開窗戶談論著下雪，這場雪比前幾次都來得大，連庭院的樹也被雪壓垮，橫倒在小路出入口。好不容易，天空露出些許陽光，蘿貝卡要開車去市區買感恩節禮物，有些焦慮的我決定跟她一起上街，順道寄明信片。下過雪的街上濕漉漉的，到處可見一小叢一小叢的雪丘和融冰。我推著輪椅，在人行道上大小不一的小雪堆裡，繞過來、轉過去，好像在走障礙賽，驚險而有趣。

路人和我們打招呼談話，我已經習慣這樣的美式招呼。郵局就在眼前，手上一疊明信片是寫給一路從夏末走到冰雪覆蓋的冬天，寫給記憶的情詩，寫下過去兩個多月生活的心情，它們也將飄洋過海告訴親愛的朋友。

蘿貝卡說，我們如同短暫停留的候鳥，時間一到，就得重返自己的軌道。分離的日子愈近，我愈渴望時間能夠停止在這裡。

說
再
見
，
之
後

重返苗栗後，我常常仰望天空，想念那一群遠方的朋友。

一個月前，我離開了藍屋，離開了貓咪，離開了那群可愛的藝術家。離開之前，我選擇再走一次每天都走的路，邊走邊回憶，從夏末、秋日的涼爽，再到冰雪覆蓋的冬天。

我從二十幾歲開始大量閱讀、聽音樂和看電影，那些時光，像不疾不徐的蝌蚪閃閃發光游動，一路帶領我前往未知和嚮往的旅程。當我和其他藝術家探索聖塔菲周圍的城市，如陶斯、洛斯阿拉莫斯、佩科斯，我們一起漫步，享受旅程，透過車窗欣賞大自然壯麗風景。蜿蜒穿越高山與城鎮，跟隨普韋布洛祖先和西班牙移民先驅的足跡，踏尋慵懶迷人的村莊，古老印第安遺址。我們也行駛在風景名勝小路，靠邊停車，拍照留念。

當我真實身處在荒原上無盡的公路，聽著搖滾樂帶給我靈魂的奔放，心領神會美國西部地貌勾畫出我對美國的另一種想像 ——— 路上盡是我喜歡的米老鼠與唐老鴨卡通，盡是復古汽車和老式加油站，鄉村音樂更讓我開懷不已。一瞥而過的風景，孤立的樹、低矮的農舍、緩緩轉動的風車、形貌詭譎的山、起伏的山巒和目不暇給的原野，那些一日旅行，留給我許多強烈而難忘的印象。

離開那天，我和仍在駐村中的藝術家道謝、擁抱、親吻。搭上即將回泰國度假的努塔佛的小卡車，一起在前往阿布奎基的公路上奔馳。那時，天空又開始飄下細雪。隔天，我在機場附近的旅店醒來，外頭道路已是一片雪白，車頂也蒙上一層厚雪。凌晨四點半，狂亂的雪堆滿旅店房門口，我等待接駁車送我去機場，心中有說不出的感傷。暴風雪提早來臨，感恩節前夕許多人搭機返鄉，這些因素會讓我再次體驗航班大亂、飛機延誤嗎？

當飛機平安著陸在桃園機場，我確定在美國的日子是一場夢，一場甜美歡欣的夢。因為是夢，我得以繼續迎接下一個。

回想起準備飛往美國的前一晚，我幾乎沒睡，按過往習慣把家裡整理一遍。時間接近凌晨，好友 S 特地開車來接我前往機場，當時我還是忍不住流下眼淚，對他說：「我真的要走了。」

「我真的要走了。」我一直非常喜歡這句話，帶著一點冒險，迎接對自我的未知期許。相信未來某天，當我無意間翻到一段曾經在聖塔菲的移動，都得以讓我繼續尋找另一個故事的接軌。

後
記

當我在 2018 年完成一本難度頗高的繪本之後，我開始對創作失去信心，也對接案帶來的壓力感到不知所措。就在這時，好友傳來一則駐村的消息。從來沒有駐村經驗的我，抱著姑且一試的心情參加甄選，順利通過作品提交和口試兩關，獲得聖塔菲藝術中心的青睞。隔年夏末，以創作者的身分，前往美國新墨西哥州駐村。

在凡事簡約的生活態度下，我好奇擁抱周遭一切人事物，我天生的熱情率真也在駐村期間發揮得淋漓盡致，每天從與外國人打招呼說「Hello!」開始，放眼所及的景象是廣闊的，心情也放鬆下來。那段期間，我和不同領域的美國藝術家經常在公路上奔馳，沿途巨大雄偉的峽谷或一望無際的原野，令我心蕩神馳。其中又以古印第安部落遺跡的獨特荒野氣息，讓我能夠投射更多想像。普韋布洛的生活文化和歷史，土黃色泥土上奔跑的美洲牛群和麋鹿，都令我深感大地的神祕。

在陌生之地，光是呼吸、注視眼前的風景都覺得非常不同。能在廣闊的大自然中走動，對我來說更是非常幸福的事。那些如同小說中所描述的古老地景：印第安遺跡、藍天白雲、無盡的公路、荒野，以及最熟悉的校園和超市之間的便捷小徑，至今依然深印在我腦海，彷彿隨時就能出發、瞬間回到該地。

回國後，我斷斷續續著手記錄在美國新墨西哥州七十八天的駐村生活，以及新朋友帶給我的一切。我又一次回到那段時間和空間，自由地探索與移動，領悟到生命中我與他人如何匆匆一瞥或流連共鳴，這讓我更接近內心的渴望與衝擊，也相信那些事物早已在那裡等待著我。我好愛那個時候的自己，一心只為完成一件事而活。

感謝一路支持我的好友 S 和那群友善的藝術家。在認識他人的文化差異中，我樂此不疲地面對自己。現在我更清楚知道———只要踏出家門，就會有不一樣的風景，等在路上。

國家圖書館出版品預行編目(CIP)資料

去遠方：聖塔菲印象 / 阿力金吉兒作.

-- 初版. -- 臺北市：大塊文化出版股份

有限公司. 2021.11

176 面；　23×16.25 公分. -- (catch)

ISBN　978-986-0777-56-7 (精裝)

1. 遊記　2. 旅遊文學

3. 插畫　4. 美國新墨西哥州

　　　　752.7659　　　110016386

catch　　　　　　274

去 遠 方 ： 聖 塔 菲 印 象

作　　　者　　阿力金吉兒　Ali Ginger

副總編輯　　林怡君

編　　　輯　　楊先妤

校　　　對　　金文蕙

裝幀設計　　歐泠

出　　　版　　大塊文化出版股份有限公司

　　　　　　105022 台北市南京東路四段 25 號 11 樓

　　　　　　www.locuspublishing.com

Tel / Fax　　(02)8712-3898 / (02)8712-3897

讀者服務專線　0800-006689

　　　　　　service@locuspublishing.com

台灣地區總經銷　大和書報圖書股份有限公司

　　　　　　248020 新北市新莊區五工五路 2 號

Tel / Fax　　(02)8990-2588 / (02)2290-1658

法律顧問　　董安丹律師、顧慕堯律師

ISBN　　　　978-986-0777-56-7

初版一刷　　2021 年 11 月

定　　　價　　新台幣 680 元

There are some dirty and messy,

but I know that I am freedom.